Julius Klain

Coronavirus
Mein fünftes Corona-Krise Tagebuch

COVID-19-Nebenwirkungen

Bibliografische Information der Deutschen Nationalbibliothek: Die Deutsche Nationalbibliothek verzeichnet diese Publikation in der Deutschen Nationalbibliografie; detaillierte bibliografische Daten sind im Internet über dnb.de abrufbar.

© 2020 Julius Klain
Coverbild: © Thaut Images - stock.adobe.com
Coverdesign und Layout: © Julius Klain
Herstellung und Verlag: BoD – Books on Demand, Norderstedt

ISBN: 978-3-7504-7048-4

Vorwort

Liebe Leserin, lieber Leser,

es ist jetzt über sechs Wochen her, seitdem ich die Corona-Krise das erste Mal zu spüren bekam und als ich damit begann, das erste Tagebuch dieser Reihe zu Papier zu bringen. Meine anfänglichen Antreiber und Motivatoren, meine Angst, meine Unsicherheit und die Ungewissheit, ob und wie mein Leben weitergehen wird, sind zwar inzwischen deutlich kleiner geworden, dennoch kann ich nicht damit aufhören, weiterzuschreiben und über diese außergewöhnliche Zeit zu erzählen. Warum? Weil sie mich schlichtweg fasziniert.

In diesem Tagebuch widme ich mich gezielt, wenn auch teils etwas versteckt, den „Nebenwirkungen" von COVID-19. Also all den Dingen, welche sich aus meiner Perspektive bis dato durch das Coronavirus verändert haben.

Des Weiteren gilt: auch die Handlungen dieses Buches schließen sich unmittelbar an die Inhalte meiner ersten vier Corona-Krise Tagebücher an.
Um dieses Buch besser zu verstehen, empfehle ich Ihnen daher, vorab auch die anderen Bücher zu lesen.

Ihr

Julius Klain

Mittwoch, 15. April 2020

Bereits beim Aufstehen um 6.30 Uhr muss ich daran denken, dass heute von der Politik entschieden und verkündet wird, wie es ab der kommenden Woche weitergeht. Doch meine Meinung hat sich dazu binnen der letzten Tage deutlich verändert:

Vor zweieinhalb Wochen, zu Beginn der Restriktionen und als die Situation mit Corona noch deutlich neuer, ungewisser, bedrohlicher, verängstigender, verändernder, einschneidender, beschränkender, aber auch irgendwie deutlich aufregender für mich war, war es mir noch sehr wichtig, dass es ab der kommenden Woche, wieder „normal" weitergeht. Sprich, dass die Geschäfte, Kindergärten, Schulen, Restaurants, etc. wieder öffnen, denn auch ich sehnte mich „damals" nach meinem früheren Leben und dem damit verbundenen Halt.

Heute, nachdem ich mich an die Situation gewöhnt und zwischenzeitlich festgestellt habe, dass Corona für mich nahezu ausschließlich positive Nebenwirkungen hat (weniger Verkehr, weniger Menschen unterwegs, weniger Stress und Hektik auf den Straßen und im Bus, weniger Umweltbelastungen, keine privaten Termine und Verpflichtungen, geringe Benzinpreise, mehr Zeit für mich zum Schreiben, mehr Zeit mit der Familie, …), bin ich ehrlich gesagt gar nicht mehr so erpicht darauf, dass wir schnellstmöglich zu dem zurückkehren, was vorher war. Im Gegenteil. Ich würde mich sogar inzwischen sehr darüber freuen, wenn es bei dem jetzigen Ist bleiben würde, zumal ich zudem von der Wirkung der Maßnahmen im Blickwinkel des Gesundheitsschutzes überzeugt bin und folglich vollends hinter ihnen stehe.

Ja, ich weiß, meine Situation ist im Vergleich zu (vielen) anderen recht komfortabel. Womit ich meine, dass ich bis dato vom Coronavirus verschont geblieben sowie weder von Kurzarbeit noch von Arbeitslosigkeit bedroht bin und mir daher auch noch keine tiefgreifen existenzielle Sorgen machen muss, dass ich mich mit meiner Familie nach wie vor recht frei bewegen kann, da wir auf dem Dorf wohnen, wo wir ein Haus und einen Garten haben und wodurch es uns permanent möglich ist, mit den Kindern vor die Tür zu gehen und uns draußen auszutoben und zu beschäftigen und, dass wir durch die Teilzeitbeschäftigungen meiner Frau und von mir selbst, auch die Betreuung unserer drei Kinder (fünf, zehn und 12 Jahre alt) recht gut hinbekommen.

Daher schaue ich den heutigen politischen Entscheidungen recht entspannt entgegen.

„Papa!" ruft mein Sohn in diesem Augenblick aus der oberen Etage.

Wie gerne würde ich jetzt weiterschreiben, denke ich mir. Stattdessen fahre ich meinen Laptop herunter und mache mich auf den Weg zu ihm, womit *mein* Tag gegen 6.55 Uhr beendet ist und der der Kinder beginnt.

Ist die Corona-Zeit wirklich so toll wie ich gerade geschrieben habe?

8.55 Uhr: Wir haben gefrühstückt, uns angezogen und meine Frau verabschiedet, die zur Arbeit gefahren ist. Nun heißt einmal mehr: Schule zu Hause. Wir beginnen mit Deutsch - schreiben.

9.30 Uhr: Pause. Die Kinder sind draußen und toben sich auf dem Trampolin aus. Auch ich nutze die Gelegenheit, um kurz durchzuatmen.

10.00 Uhr: Mathe

10.35 Uhr: Kleine Pause.

10.50 Uhr: Deutsch – lesen.

11.15 Uhr. Ende des Schultags. Die Kinder spielen draußen, während ich die Wäsche aufhänge.

12.00 Uhr: Meine Tochter und ich setzen das fort, was wir gestern begonnen haben und stellen unseren Kuchen – einen Käsekuchen mit Pfirsichen aus der Dose – fertig.

12.30 Uhr: Vorbereitung des Mittagessens

13.10 Uhr: Gemeinsames Mittagessen, denn auch meine Frau ist zwischenzeitlich von der Arbeit heimgekehrt.

13.30 Uhr: Mittagspause. Die Jungs wollen auf dem iPad spielen. Dieses spinnt jedoch seit gestern und geht immer wieder aus, was nicht nur die Jungs ärgert, sondern auch mich, da ich derjenige sein werde (bin), der sich darum kümmern wird. *Kotz!*

14.45 Uhr. Ich mähe zum zweiten Mal in diesem Jahr den Rasen. *Unglaublich, wie trocken es ist,* denke ich mir zwischendurch, als der Rasenmäher immer mal wieder große Staubwolken des ausgemergelten Bodens aufwirbelt.

16.07 Uhr: Meine Tochter überrascht mich, indem sie sich sportlich angezogen hat (kurze Hose, T-Shirt, Sportschuhe) und mit Musik im Ohr erstmals in ihrem Leben mehrere Runden um unser Haus joggt.

19.15 Uhr: Nach etlichen weiteren kleineren Aktivitäten im Garten, welche die Jungs, meine Tochter oder meine Frau von mir verlangt haben, sitzen wir am Tisch und essen zu Abend, als mein ältester Sohn plötzlich fragt: „Wie geht es denn nun ab nächster Woche weiter?"

Ich zucke kurz vor Schreck zusammen, da ich dieses Thema nach meinem kurzen Schreibexkurs heute Morgen wirklich gar nicht mehr auf dem Schirm hatte.

„Hmm, gute Frage. Ich habe noch nichts gehört oder gelesen und aus den 19 Uhr-Nachrichten werden wir dies auch nicht mehr erfahren, dafür ist es bereits zu spät. Wir sollten daher die 20 Uhr-Nachrichten nicht verpassen." lautet meine Antwort.

20.00 Uhr: Die gesamte Familie sitzt gespannt vor dem Fernseher und schaut Nachrichten. *Haben wir das jemals zuvorgetan?* frage ich mich, während uns der Nachrichtensprecher begrüßt.

Fünf Minuten später, haben wir Antworten:

- Das Kontaktverbot zu anderen Personen außerhalb des eigenen Hausstands wird bis einschließlich 03. Mai verlängert. Auch das Gebot, Abstand zu halten, gilt weiterhin.

- Die Schulen werden schrittweise ab 04. Mai wieder öffnen.
- Kindergärten bleiben vorerst geschlossen.
- Das Tragen von Mundschutzmasken im Bus und beim Einkaufen ist noch keine Pflicht, wird jedoch dringend empfohlen.
- Großveranstaltungen, wie Konzerte oder Fußballspiele, bleiben (mit Zuschauern) vorerst verboten.
- Einzelhandelsgeschäfte mit einer Verkaufsfläche unter 800 m^2 dürfen ab 20. April (kommendem Montag) unter Auflagen wieder öffnen. Kfz-, Buch- und Fahrradläden dürfen auch öffnen, wenn sie größere Verkaufsflächen haben.
- Fortan wird alle 14 Tage wird geprüft, ob es weitere Lockerungen geben kann.

„Für euch drei heißt das: weiterhin Corona-Ferien." sage ich anschließend zu den Kindern, woraufhin ich in enttäuschte Gesichter blicke.

Ich selbst weiß nicht so recht, was ich nach den Nachrichten fühle. Es ist jedenfalls ein Mix aus Erleichterung, Freude und Ernüchterung. Enttäuscht bin ich hingegen nicht. So viel steht fest.

Weitere erwähnenswerte Ereignisse des Tages (Kurzform):
Keine.

Donnerstag, 16. April 2020

Heute ist mein letzter Urlaubstag, geht mir gleich am frühen Morgen durch den Kopf, als ich mich wie an den vorangegangenen Tagen auch, um kurz nach sechs Uhr an den Rechner setze und zu schreiben versuche.

Weit komme ich dieses Mal jedoch nicht, da sich meine Gedanken immer wieder um ein anderes Thema drehen:

Was mich wohl ab morgen auf der Arbeit erwarten wird? Ob alles noch so ist, wie am vergangenen Montag (meinem letzten Arbeitstag)?

Warum ist dir das so wichtig? höre ich eine Stimme in mir fragen.

Ich weiß es nicht, antworte ich ihr spontan, wobei ich spüre, dass ich die freie Zeit und somit mein exklusives Dasein als Vater, Ehemann und Schriftsteller gerne noch in die Länge ziehen würde, anstatt morgen wieder in mein Leben als Angestellter zurückzukehren. Doch mir ist klar, dass es genauso kommen wird. Und aus diesem Grund beschließe ich, diesen letzten Urlaubstag auch noch zu genießen, auch wenn er nahezu genauso ablaufen wird, wie die Tage zuvor:

8.00 Uhr: Ich verabschiede meine Frau, die zur Arbeit fährt, und tausche anschließend meinen Schlafanzug gegen mein Alltagsdress, T-Shirt, Pullover und Jogginghose. Auch den Kindern gebe ich den Auftrag, sich vom Fernseher zu lösen und sich anzuziehen, was sie nur widerwillig befolgen.

8.25 Uhr: Frühstück und anschließendes Aufräumen der Küche.

9.00 Uhr: Die Schule der Jungs beginnt. Beide erledigen unter meiner Anleitung und/oder Hilfestellung ihre Deutschaufgaben.

9.40 Uhr: Pause für Jungs. Für mich heißt es indes, Zeit mit meiner Tochter.

10.15 Uhr: Mathe. Eigentlich. Zunächst gilt es jedoch einmal mehr für mich, bei in einem „Null-Bock-auf-Schule-Streit" nicht die Nerven zu verlieren, sondern ruhig und konsequent zu bleiben, wobei mir letzteres zugegebenermaßen immer schwerer fällt. Heute gelingt es mir jedoch (noch).

10.25 Uhr: Mathe.

11.00 Uhr: Ende der Schule. Zu mehr sind die Jungs einfach nicht gewillt und da ich keine Kraft für einen weiteren Zwist aufbringe, lasse ich sie sich stattdessen ihrem Wunsch entsprechend an der Spielekonsole austoben, während ich mit meiner Tochter bastele.

11.30 Uhr: Meine Frau kehrt dank ihrer Kurzarbeit schon wieder von der Arbeit zurück. Ich freue mich sehr darüber, denn schließlich bedeutet dies, dass mir einerseits die alleinige Last mit den Kindern von den Schultern genommen wird und es mir andererseits auch die Möglichkeit verschafft, an unserem Auto die Bereifung von Winter auf Sommer zu wechseln und damit etwas zu tun, was mir wirklich Spaß macht.

13.25 Uhr: Fußballtraining mit den Jungs. Bei dieser Aktion spüre ich inzwischen, dass sowohl bei mir, als auch bei den Jungs, die Energie für diese Aktion binnen der letzten Tage deutlich geringer geworden ist und die anfängliche Euphorie von einem guten Stück Lethargie abgelöst wurde.

14.00 Uhr: Mittagessen und sich anschließende Mittagspause.

15.25 Uhr: Die gesamte Familie ist im Garten. Die Kinder spielen mal für sich und wir Erwachsenen werkeln herum.

16.45 Uhr: Es verschlägt mich seit längerem mal wieder ins Büro, wo ich mich ein wenig um den Papierkram meiner Selbständigkeit kümmere. Viel ist allerdings nicht zu tun. Schließlich herrscht derzeit bekanntlich auch in meiner Unternehmung Stillstand. Leider.

17.15 Uhr: Aufbruch zu einer Radtour. Alle fünf. *So viel Fahrrad wie in den letzten Wochen sind wir noch nie zusammen gefahren,* denke ich mir erfreut, als wir mit unseren Rädern vom Hof rollen.

18.30 Uhr: Wir nutzen das andauernde, herrlich sonnige Frühlingswetter und schmeißen spontan den Grill an.

19.50 Uhr: Beginn des Abendentertainments. Vor Corona hieß dies, eine maximal halbstündige Folge einer Kinderserie zu schauen, bevor es ins Bett ging. Heute reicht dies jedoch nicht mehr, da die Kinder schlichtweg noch nicht müde genug sind, da ihr Tag nicht annähernd so anstrengend war, wie vor der Krise.

21.15 Uhr: Die Kinder sind endlich im Bett und schlafen. Da auch ich nach diesem Tag platt bin, gehe ich ebenfalls ins Bett. Über eine Stunde später als „normal".

Weitere erwähnenswerte Ereignisse des Tages (Kurzform):
- Im Verlauf des Tages sickert über verschiedene Kanäle durch (E-Mail der Schule; WhatsApp-Gruppen der Eltern der Jungs-Klassen, in der Fußballgruppe, …), dass die Schule für unsere Jungs frühestens Ende Mai / Anfang Juni starten wird. Ebenfalls verdichten sich die Aussagen, dass unsere Tochter vor ihrer Einschulung nicht wieder in den Kindergarten wird gehen können, da dieser auf unabsehbare Zeit nur für die Notbetreuung offenbleiben wird.
  Ist dies gut? Ist dies nicht gut? frage ich mich.
  Ich weiß es nicht. Es ist halt wie es ist, lautet meine Antwort.
- Nach wie vor kein Regen. ☹

0.23 Uhr: Unsere Tochter kommt zu uns ins Bett gekrabbelt, da sie etwas „Schlechtes" geträumt hat, wie sie selbst sagt.

Ab diesem Augenblick verläuft meine Nacht in der Folge deutlich unruhiger, als mir lieb ist, da sich immer wieder ein Körperteil von ihr in meinen Rücken bohrt, was mich wieder und wieder aufweckt.

Keine guten Voraussetzungen, um morgen, beziehungsweise heute, zur Arbeit zu fahren, denke ich mir als ich um kurz nach drei Uhr ein weiteres Mal auf meinen Wecker schaue.

Freitag, 17. April 2020

Trotz der verkorksten zweiten Nachthälfte klingelt mein Wecker erbarmungslos um 5.10 Uhr. *Scheiße,* lautet mein erster und von Grund auf ehrlicher Gedanke an diesem Morgen. Dennoch quäle ich mich pflichtbewusst aus dem Bett.

Doch sowohl als ich wenig später im Bad stehe, als auch während meiner Autofahrt in Richtung Firma spüre ich anhand meiner Trägheit, dass ein Teil von mir noch immer im Bett zu liegen scheint und, dass der andere Teil noch gerne dort wäre. Allein. Ohne meine Tochter.

Erst als ich an einer Tankstelle vorbeifahre und sehe, dass der Preis für einen Liter E10 weiter gefallen ist und für ihn derzeit nur noch 1,10€ anstatt vormals um die 1,30 € verlangt wird, bin ich für einen Augenblick hellwach und steuere mein Fahrzeug gedankenschnell auf das Gelände der Tankstelle.

Es sieht noch alles so verlassen und dunkel aus, denke ich mir jedoch, als ich aussteige und den Zapfhahn von der Säule nehmen will. Erst jetzt fällt mir ein großes Schuld ins Auge, auf dem geschrieben steht: „Neue Corona-Öffnungszeiten – 7 bis 20 Uhr"

So ein Mist! Hatten die früher nicht von 5.30 Uhr bis 22 Uhr geöffnet? … Es scheint sich derzeit bei dem geringen Verkehrsaufkommen wohl einfach nicht zu lohnen. Pech gehabt.

Pünktlich um 5.58 Uhr stempele ich an der Zeiterfassungsuhr der Firma ein und begebe mich zu Fuß aus der Tiefgarage in den fünften Stock des insgesamt neun Stockwerke umfassenden Bürogebäudes.

6.05 Uhr: Mein Rechner ist hochfahren und ein herrlich duftender Kaffee steht neben mir. *Es kann also losgehen,* lautet das begeisterte Fazit meines Kopfes, der nach gut anderthalb Wochen Ruhe mal wieder so richtig gefordert werden wird.

7.30 Uhr: Die ersten E-Mails sind geschrieben, beantwortet oder gelöscht. Jedenfalls erhebe ich meinen Blick zu diesem Zeitpunkt erstmals seit meinem Arbeitsbeginn und schaue mich um. Verwirrung macht sich in mir breit.

Was ist hier los? Habe ich etwas verpasst, oder stimmt etwas nicht? frage ich mich, als ich neben mir nur eine weitere Person um mich herum erblicke, wo vor Corona noch weit über 20 Menschen gesessen hätten.

„Wo sind denn die anderen?" werfe ich der einen Kollegin entgegen, die außer mir zugegen ist.

„Die arbeiten inzwischen alle von zu Hause, sind krank, nein, kein Corona, oder haben Urlaub. Auch die letzten Tage waren wir hier nicht mehr als drei oder vier Personen. Schön, oder?" sagt sie zu mir.

„Wie jetzt, schön? Was ist daran schön?" entgegne ich ihr.

„Na die Ruhe." antwortet sie voller Überzeugung.

„Stimmt, ruhig ist es. Aber ob ich es schön finde, weiß ich ehrlich gesagt noch nicht. Schließlich wart ihr, die Kolleginnen und Kollegen, das, worauf ich mich heute am meisten gefreut habe." gestehe ich ihr, woraufhin ich nur ein Lachen ernte, dass ich nicht recht verstehe.

Es ist schon krass, wie schnell sich durch Corona das Thema Heimarbeit / Homeoffice, zu einer ganz normalen Sache entwickelt hat, denke ich mir ein wenig später. *Jahrelang wurde darüber in der Firma diskutiert, doch die Widerstände in manchen Köpfen waren schlichtweg zu groß. Gut, dass dies heute anders ist und auch so bleiben wird. (Das haben die obersten Chefs jedenfalls schon Kund getan.)*

Etwa zwei Stunden später:

Der Großteil meiner urlaubsbedingten Rückstände sind entweder aufgearbeitet oder zumindest gedanklich von mir als „nicht dringend und daher nicht zwingen heute zu erledigen" eingestuft, was mich einerseits ein wenig durchatmen lässt und mir einen Teil meiner Anspannung nimmt, als auch andererseits die Möglichkeit eröffnet, von der Vergangenheit in die nahe Zukunft zu blicken, in dem ich mich ans Ausfüllen meines Schichtplans für die kommenden zwei Wochen mache.

Zur Erinnerung: wir arbeiten in der Firma seit dem 25. März in einem Zweischichtsystem. Der Frühschicht (von 6 bis 14 Uhr) und der Spätschicht (von 14 bis 22 Uhr). Letztere gefällt mir aus den im vierten Buch genannten Gründen überhaupt nicht. Dennoch komme ich in meiner (Vorbild-)Funktion als Führungskraft nicht umhin, auch diese Schicht zu belegen und zu planen.

Doch nicht nur das Schichtsystem frustriert mich heute einmal mehr, sondern auch eine weitere Erkenntnis sorgt in mir für Unbehagen, die ich in der nachfolgenden E-Mail an meinen Chef und als Kopie auch an meine weiteren Kolleginnen/Kollegen Führungskräfte zum Ausdruck bringe:

Sehr geehrter Herr B.....,
meine Frau und ich sind derzeit beide noch zu nahezu zu 100% beruflich aktiv, müssen jedoch nach der neuerlichen Entscheidung der Bundes- und Landesregierung auch weiterhin irgendwie die Kinderbetreuung unserer drei Kinder sicherstellen.

Meine bisher gewohnten Arbeitstage Montag und Freitag sind dabei für mich auch weiterhin unkritisch. Insbesondere die Donnerstage stellen für uns aber eine größere Herausforderung dar und die Erfahrung der letzten Wochen hat mir gezeigt, dass ich erst sehr kurzfristig (ggf. erst am Nachmittag des Vortages) in der Lage bin, Planungen / Absprachen für Donnerstage zu treffen. Ich kann und werde daher bis auf Weiteres für Donnerstage keine Schichtdienste eintragen können, komme jedoch auf Sie (euch alle) zu, sobald für mich feststeht, dass und gegebenenfalls welche Schicht ich an Donnerstagen übernehmen kann.

Zudem wird es so sein, dass ich fortan stundenweise auch dienstags und/oder mittwochs außerhalb des Schichtplans in die Firma kommen werde (muss), um für die Donnerstage vor-, bzw. nachzuarbeiten, damit ich auf meine wöchentliche Arbeitszeit kommen kann.

Sollten Sie damit nicht einverstanden sein, dann kommen Sie bitte auf mich zu.

Viele Grüße
Julius Klain

Die Antwort meines Chefs lässt nicht lange auf sich warten:

„Hallo Julius, das geht aus meiner Sicht alles klar und ich entbinde dich sogar in Gänze von dem Schichtplan, wenn du dich im Gegenzug um die Insolvenzverwaltung von Firma F* kümmerst. Die Sache ist gestern reingekommen."

Ich weiß ich diesem Augenblick nicht, ob ich lachen oder weinen soll. Zum einen freue ich mich jedenfalls über die Aussage, dass ich wieder etwas mehr Freiheit bekomme. Zum anderen ist mir jedoch auch klar, dass die angesprochene Insolvenzverwaltung ein sehr aufreibender und zeitintensiver Brocken werden wird, bei dem ich nicht weiß, ob ich ihn mir tatsächlich in der jetzigen Situation in meinen Rucksack packen will. Aus Angst, dass er mich überfordern könnte. Dennoch antworte ich meinem Chef mit einem einzigen Wort: „Deal!", womit meine beruflichen Aktivitäten der kommenden Wochen besiegelt sind.

14.35 Uhr: Deal hin oder her, heute mache ich noch einmal pünktlich Feierabend, da mir vor Müdigkeit die Augen brennen und ich es aus diesem Grund schlichtweg nicht mehr vor dem Bildschirm aushalte. Also, ab nach Hause, wobei ich unterwegs noch einen kleinen Zwischenstopp im Baumarkt einlege, wo ich zu meiner Verwunderung und Verärgerung der einzige bin, der einen Mundschutz trägt. Sowohl auf Seiten der Kunden, als auch auf Seiten des Verkaufspersonals.

15.35 Uhr: Zurück zu Hause. Zu meiner Freude gibt es Kaffee und von meiner Frau und meiner Tochter frisch gebackenen Kuchen.

15.55 Uhr: Ich bin derart platt, dass ich mir die Freiheit herausnehme, mich ins Bett zu legen. Es dauert auch nicht lange, bis ich einschlafe.

16.55 Uhr: Ich quäle mich schlaftrunken wieder aus dem Bett und ziehe mir sogleich meine Fahrradkleidung an, da meine Tochter schon seit ein paar Minuten neben mir steht und mich damit nervt, dass sie heute unbedingt noch eine Fahrradtour mit mir machen will.

17.15 Uhr. Wir, meine Tochter und ich, sind unterwegs und ich bin ihr inzwischen sehr dankbar dafür, dass sie mich zu dieser Aktivität bewegt hat.

Während wir so dahinradeln sagt sie plötzlich zu mir: „Papa, die Corona-Zeit ist echt eine doofe Zeit. Ich würde mich nämlich gerne mal wieder verabreden und meine Freunde treffen und in den Kindergarten gehen." *Es ist unglaublich, mit welchen Worten sie sich ausdrücken kann. Sie ist doch erst fünf,* denke ich mir und habe zugleich jedoch absolut keine Ahnung, was ich ihr antworten soll.

Komischer Weise greift mein älterer Sohn beim Abendessen um kurz nach 19 Uhr ebenfalls dieses Thema auf in dem er sagt: „Papa, wann ist Corona endlich weg? Das war doch jetzt schon lang genug da!"

„Ich denke, dass wird noch eine ganze Weile dauern, denn Corona wird nicht einfach so verschwinden. Erst dann, wenn es eine Medizin gegen diese Krankheit gibt, werden die ganze Aufregung und die ganzen Regeln wieder verschwinden." antworte ich ihm.

„Und wann ist das?" bohrt er frustriert und ein wenig aufbrausend nach.

„Vielleicht zu Weihnachten." entgegne ich ihm schonungslos ehrlich, woraufhin er sein Messer mit einem heftigen Scheppern auf seinen Teller fallen lässt, vom Tisch aufspringt, aus der Küche rennt, die Treppe hinaufläuft und mit einer knallenden Tür in seinem Zimmer verschwindet.

Ich lasse ihm zunächst etwas Zeit, die Information zu verdauen, bevor ich mich zu ihm begebe und ihm die ganze Sache noch einmal in Ruhe erkläre, was ihn wieder etwas beruhigt und seine Tränen versiegen lässt, sodass wir alle um 20.30 Uhr vor dem Fernseher sitzen und den Tag auf diese Art und Weise ausklingen lassen.

<u>Weitere Ereignisse des Tages (Kurzform):</u>
- Ich hatte am 03. April von einer Kollegin berichtet, der ich an jenem Tag auf Grund ihrer persönlichen Situation zwei Wochen Heimarbeit verordnet habe. Diese Kollegin rief mich heute an und teilte mir mit, dass sich alles zum Guten gewendet hat und sie ab kommenden Montag wieder „ ganz normal" arbeiten wird. ☺

Samstag, 18. April 2020

Ich bin froh, nach nur einem Arbeitstag wieder frei zu haben. Es stört mich daher auch nicht, dass ich bereits um 5.35 Uhr von unserem Zeitungszusteller geweckt werde, dessen Angewohnheit es ist, direkt vor unserem Haus zu parken (obwohl wir keine Zeitung bekommen) und seine Autotür stets lautstark zuzuschlagen. Rums!

Im Gegenteil, ich bin froh, dass ich von ihm geweckt werde und dadurch noch ein wenig Zeit habe, um schreiben zu können. Das tue ich dann auch, zumindest solange, bis mein jüngerer Sohn um 6.50 Uhr zu mir kommt und mich bereits zu dieser frühen Tageszeit mit der Frage nervt und unter Druck setzt, ob er an der Spielekonsole daddeln könne, die im selben Raum steht, in dem ich gerade am Laptop sitze.

„Muss das sein?" entgegne ich ihm ein wenig patzig, da sein Begehren vollkommen gegen meine Erziehungsphilosophie spricht.

„Was soll ich denn sonst machen? Fernsehen?" antwortet er mir ebenfalls gereizt.

„Spielen." sage ich zu ihm.

Er: „Wo denn und was denn? In meinem Zimmer schlafen schließlich noch die anderen beiden."

Ich: „Okay. Daran habe ich nicht gedacht. Aber nur eine halbe Stunde. Dann ist Schluss an der Konsole."

Das hätte es vor Corona nicht gegeben, denke ich mir postwendend. *So langsam gehen mir die Ideen und auch die Lust aus, immer wieder für neue, ansprechende Kinderanimation zu sorgen.*

Ich bin daher heilfroh, als meine Frau mir wenig später den Vorschlag unterbreitet, heute eine sehr ausgiebige Fahrradtour zu machen und den Großteil des Tages unterwegs zu sein, ohne es jedoch zu überreiben und eines der Kinder, insbesondere meinen jüngeren Sohn, zu überfordern.

7.50 Uhr: Wir wecken die anderen beiden Kinder damit wir heute Vormittag zeitnah mit unseren Rädern loskommen und, dass es heute Abend nicht zu spät wird, sie ins Bett zu bekommen. Je länger sie nämlich schlafen, desto später wird es abends.

8.15 Uhr: Alle Kinder sind angezogen. Meine Tochter spielt in ihrem Zimmer und ich bringe die letzten Schulaufgaben mit den Jungs zu Ende, die noch für diese Woche auf ihrem Aufgabenzettel stehen. Meine Frau bereitet derweil das Frühstück zu.

8.45 Uhr: Frühstück. Zugleich weihen wir die Kinder in unseren Plan mit der Radtour ein, welchen sie allesamt freudig akzeptieren.

9.15 Uhr: Wir räumen alle gemeinsam den Frühstückstisch ab. Nein, ich würde lügen, wenn ich behaupte, dass dies ohne Gegenwehr der Kinder erfolgt. Insbesondere die beiden Jüngeren zicken zunächst herum, helfen dann jedoch auch mit.

9.30 Uhr: Die Kinder kommen meiner Aufforderung nach, sich die Zähne zu putzen. Meine Frau bereitet ein Picknick für unterwegs vor und kümmere mich schon einmal um die Fahrräder, womit ich auch heute meine, dass ich die fünf Gefährte aus der Garage hole und an mein e-Bike die Abschleppvorrichtung für das Fahrrad unserer Tochter montiere. (Eine lange Stange, mit dessen Hilfe ich das kleine Kinderfahrrad meiner Tochter anhängen kann, wobei anschließend ihr Vorderrad in der Luft hängt, das Hinterrad jedoch weiterhin auf dem Boden mitläuft wodurch auch meine Tochter auf ihrem Fahrrad sitzen bleiben und sich ausruhen kann, während ich sie ziehe.) Inzwischen sitzen bei diesem Anbauvorgang meine Handgriffe derart gut, sodass ich lediglich drei Minuten dafür benötige, anstatt der anfänglichen 20, die ich noch vor drei Wochen dafür benötigt habe.

Zu guter Letzt prüfe ich noch den Luftdruck an den Fahrrädern und stelle erschrocken fest, dass das Hinterrad bei meinem jüngeren Sohn durch seine ständigen Vollbremsungen und Drifts kurz davorsteht, ein

Loch zu bekommen. *Hoffentlich passiert dies nicht unterwegs,* denke ich mir, da ich für diesen Fall nicht ausgerüstet wäre.

9.45 Uhr: Die „Karawane" rollt vom Hof.

Ca. 11.00 Uhr: 16 Kilometer liegen hinter uns. Bisher ging es überwiegend leicht bergab, jedoch auch drei ganz ordentliche Steigungen galt es bis dato zu überwinden. Zu meiner Überraschung hat auch meine Tochter über zehn Kilometer alleine fahrend durchgehalten. Nun ist jedoch erstmal die Zeit für eine ausgiebige Pause, die wir auf unseren Picknickdecken auf einer kleinen Lichtung mit einem Bach im Wald verbringen. *Was für ein herrlicher Ort! Was für ein herrlicher Tag!*

12.15 Uhr: Wir haben wieder „aufgesattelt". Bis nach Hause sind es bloß noch etwa 5 Kilometer, die es jedoch fast ausschließlich bergauf geht. Teils auch sehr steil. „Ich bin mir sicher, wir schaffen das!" motiviere ich noch einmal alle, als wir losrollen.

12.18 Uhr: Es ist passiert, der Reifen am Fahrrad meines jüngeren Sohnes ist geplatzt. Reparatur ausgeschlossen. *Was nun?* Frage ich mich.

Ich entscheide kurzer Hand, dass ich mit meiner Tochter im Schlepptau nach Hause radeln werde, um das Auto zu holen, während die anderen drei sich zu einem Punkt außerhalb des Waldes bewegen, wo ich mit dem Auto hingelangen und das defekte Fahrrad einladen kann.

13.49 Uhr: Alle sind wieder zu Hause, wobei ich nicht unerwähnt lassen möchte, dass meine Frau und mein älterer Sohn mit dem Rad Heim gefahren sind.

14.11 Uhr: Ich habe die Räder zurück in die Garage gebracht und auch alle Taschen sind ausgepackt. *Zeit für eine Pause!*

Die Kinder spielen getrennt voneinander. Draußen oder in ihrem jeweiligen Zimmer. Alle scheinen glücklich und zufrieden zu sein und ich bin es auch, obwohl eine neue Aufgabe auf meiner gedanklichen Agenda steht: das Fahrrad meines jüngeren Sohnes wieder fahrtüchtig zu machen.

Gegen 15 Uhr beginnen meine Frau und ich mit der Vorbereitung des Mittag- zugleich auch Abendessens in Form eines Grillens.

Nebenbei unterhalten wir uns darüber, wie gut unsere drei Kinder seit dem Beginn der Corona-Ferien gelernt haben, miteinander zu spielen. Vor Corona waren es nämlich überwiegend die beiden Jungs, zeitweise auch unser jüngerer Sohn und unsere Tochter, die zusammen gespielt haben. Dass sich jedoch alle drei (harmonisch) miteinander beschäftigen konnten / wollten, war die absolute Ausnahme. Und heute ist dies, wie bereits gesagt, normal. Und diese Corona-Nebenwirkung gefällt mir ebenfalls sehr gut.

15.45 Uhr: Wir sitzen im Sonnenschein auf der Terrasse, das Essen liegt auf den Tellern und alle hauen ordentlich rein.

16.27Uhr. Der Tisch ist wieder abgeräumt.

16.39 Uhr: Fußballtraining mit den Jungs. Währenddessen bewölkt es sich zusehends. *Ob endlich der ersehnte Regen kommt?*

Ca. 18 Uhr: Die gesamte Familie verlässt noch einmal das Grundstück und wir sammeln Müll, der sich am Wegesrand im Dorf und drum herum angesammelt hat.

19.25 Uhr: Die Jungs und ich schauen die Sportschau. Heute wird das Spiel Deutschland gegen Argentinien aus dem „Sommermärchen" (WM 2006 in Deutschland) wiederholt, welches Deutschland im legendären „Elfmeterschießen mit dem Zettel" gewonnen hat.

20.20 Uhr: Wir sitzen allesamt im Schlafanzug vor dem Fernseher und schauen einen Kinderfilm.

Weitere Ereignisse des Tages (Kurzform):
Keine.

Sonntag, 19. April 2020

Wie so oft in den vergangenen Corona-Wochen, führt auch heute mein erster Weg des Tages an des an den Schreibtisch, um noch ein paar Zeilen von Coronakrise-Tagebuch Nummer vier in den Rechner zu tippen, doch allmählich spüre ich, dass mir die Dreifachbelastung, Kinderbetreuung, Arbeiten und Schreiben zu viel wird und mich zunehmend, wenn auch schleichend, einengt und aus dem Gleichgewicht bringt. Und da ich aus dem bisher größten Fehler meines Lebens gelernt habe, weiß ich, was zu tun ist: Es fortan ruhiger angehen zu lassen und mich auf das zu konzentrieren, was derzeit am wichtigsten ist: die Kinder und die Arbeit in der Firma. So sehr ich das Schreiben auch liebe, aber es sichert mir derzeit halt nicht meine finanzielle Existenz. (*Noch nicht,* denke und hoffe ich.)

Um 7.15 Uhr fahre ich daher den Rechner herunter, schalte auch meinen Kopf aus und lasse allein meinen Körper entscheiden, wie es nun weitergehen soll. Seine Antwort ist eindeutig, wenn auch überraschend für mich, denn ich ziehe mir meine Laufsachen an und gehe eine Runde joggen, was ich seit über einem Jahr nicht mehr getan habe, mich jedoch an diesem Morgen unendlich befreit.

Um 9.30 Uhr habe mich bereits geduscht und sitze in lockerer Kleidung mit meiner Familie am Frühstückstisch, als tatsächlich dreimal kurz nacheinander das Telefon klingelt und zunächst die beste Freundin unserer Tochter, kurz darauf ein guter Freund unseres älteren Sohnes und zu guter Letzt auch ein Freund unseres jüngeren Sohnes anrufen und sie allesamt fragen, ob sie jeweils kurz mal wieder miteinander spielen dürfen.

Bei dem ersten Anruf schauen meine Frau und ich uns an. Schon beim Austausch unserer Blicke ist mir klar, wie sie darüber denkt. Sie würde es zulassen. Ich spüre in mich hinein und versuche zu ergründen, wie meine innere Haltung dazu ist. Und da auch ich erstmals seit über einem Monat keinen Widerstand mehr in mir spüre, stimme ich unter den Bedingungen zu, dass sich die beiden für maximal eine Stunde und ausschließlich draußen treffen dürfen, wobei sie Abstand zu einander halten müssen.

Bei den beiden folgenden Anrufen bliebt mir (uns) anschließend keine andere Wahl, als auch den beiden Jungs dieses kleine Stück Freiheit zurückzugeben, wobei auch für sie dieselben Auflagen, wie für das Treffen der Mädchen gelten.

Als ich nach dem Frühstück noch einmal im Bad vor dem Spiegel stehe, kommen mir jedoch Zweifel, ob das mit dem Abstandhalten zwischen den beiden Mädchen funktionieren wird. *Nein,* lautet meine innere Antwort, *sie sind dafür einfach noch zu jung.*

Folglich wird es auch an diesem Tag nichts damit, mal wieder eine Stunde kinderlos im eigenen Haus oder Garten zu verbringen, da ich mich entschieden habe, meine Tochter zu ihrer Freundin zu begleiten, was ihr gar nicht gefällt.

Eine halbe Stunde später hat sich ihr Ärger und ihre Diskussionsfreudigkeit dann jedoch wieder gelegt, so dass wir uns gut gelaunt auf den Weg zum größten Bauernhof des Ortes machen, wo ihre beste Freundin zusammen mit über 400 Kühen und ca. 2500 Schweinen lebt.

Während die beiden Mädchen auf Abstand spielen und sich Kränze aus gelben Löwenzahnblüten flechten, ergibt sich irgendwann ein Gespräch zwischen mir und Pete (Piet gesprochen), dem Onkel der Freundin meiner Tochter und zugleich Miteigentümer des Hofes sowie einer meiner besten Freunde meiner Kindheit und frühen Jugendzeit.

Ohne langes Blabla vorweg, komme ich daher auf den Punkt und sage zu ihm:

„Für euch hat sich doch in der Krise nicht allzu viel geändert, oder? Ich meine, ich sehe euch noch genauso beschäftigt, wie vor der Krise."

Pete: „Oh, da täuschst du dich. Am Anfang, also in den ersten zwei drei Wochen war das auch noch so, aber in den letzten zwei Wochen bekommen wir die Krise auch voll zu spüren."

Ich: „In wie fern?"

Pete: „Nun ja, sowohl der Milch-, als auch die Fleischpreise sind derzeit total im Keller. Insbesondere der Markt für Rind- und Kalbsfleisch ist aktuell so gut wie nicht vorhanden."

Ich stocke kurz, da ich es mir wirklich nicht erklären, warum dies so ist. Daher hake ich nach: „Aber warum ist dies so? Wir gehen doch nach wie vor in den Supermarkt und kaufen unsere Wurst und unser Fleisch."

Pete: „Ja, das stimmt. Aber die Supermärkte machen nur einen kleinen Teil des Marktes aus. Da es jedoch derzeit keine Großveranstaltungen gibt, auf denen Bratwürste etc. verkauft werden, fehlt dieser Absatzmarkt und die ganzen geschlossenen Restaurants und Hotels kaufen derzeit ebenfalls keine Milch und kein Fleisch. Es ist derzeit sogar schon so weit, dass einige Landwirte einen Teil ihrer Tiere töten und einfach auf den Misthaufen werfen, weil ihre Ställe voll sind und sie schlichtweg nicht mehr wissen, wohin mit den überzähligen Viechern."

Ich hatte mit einigem gerechnet, aber nicht mit dieser Corona-Nebenwirkung. Vor allem schockiert mich seine letzte Aussage, welche mich wahrhaftig sprachlos macht. Ich bin daher heil froh, dass Pete in diesem Augenblick einen Anruf erhält und gleich daraufhin mit dem Trecker vom Hof saust, so dass ich wieder allein mit den beiden Mädchen bin, die noch immer friedlich und glücklich miteinander spielen.

In mir hingegen wirken die Worte von Pete noch nach und ich empfinde tiefes Mitleid. Nein, nicht mit den Landwirten, sondern mit den Tieren, die folglich ebenfalls unter Corona zu leiden, beziehungsweise durch COVID-19 vollkommen sinnlos ihr Leben lassen müssen. Dies zeigt mir einmal mehr unmissverständlich, in welchem

Überfluss (Luxus) wir all die Jahre ganz selbstverständlich gelebt haben und wie wenig unsere Landwirte eigentlich produzieren müssten, wenn es nur darum ginge, die Bevölkerung zu ernähren, sprich uns lediglich am Leben zu erhalten, anstatt uns dick und rund zu füttern. Nämlich so viel, wie jetzt gerade nachgefragt wird.

Unglaublich, welches Klimaschutzpotential auch in dieser Branche steckt, denke ich mir unweigerlich, zumal auch die Milch- und Fleischproduktion echte Klimakiller sind.

Während ich weiterhin die Mädchen beaufsichtige, geht mir ein weiteres Thema durch den Kopf: *Es ist auch heute immer noch wie damals im alten Rom, als „Brot und Spiele" sehr wichtig waren. Was so viel aussagen soll(te), wie: gib dem Volk genug zu essen und unterhalte es, dann kannst du dir als Oberschicht nahezu alles erlauben. Doch eben die Unterhaltung in Form von Großveranstaltungen und Reisen fehlt derzeit und es wird daher von ganz oben ein großes Interesse daran bestehen (siehe die ganzen Privilegien des Fußballs), dass es auch in dieser Branche nach Corona so weitergeht, wie vor Corona. Hoffentlich wird es das nicht,* lautet mein abschließender Gedanke, als mir ein Blick auf die Uhr verrät, dass die Spielzeit der beiden Mädchen abgelaufen ist.

12.00 Uhr: Ich kehre mit meiner Tochter nach Hause zurück und beginne sogleich, mich um das heutige Mittagessen zu kümmern. Mein Appetit auf Fleisch ist mir jedoch vergangen. Daher zaubere ich heute eine Gemüse-Nudel-Pfanne.

13.30 Uhr: Mittagessen mit anschließender Mittagspause.

14.45 Uhr: Meine Frau ist nicht davon abzubringen, in die Stadt zu fahren, um in der Frühlingssonne ein Eis zu essen. Und da auch die Kinder bereits von diesem (aus meiner Sicht angesichts der aktuellen Situation immer noch vollkommen überflüssigem) Irrsinn infiziert sind, habe ich keine andere Wahl, als mitzumachen. Obwohl, ich habe schon eine Wahl. Es würde jedoch den Hausfrieden deutlich belasten, wenn ich daheimbleiben würde.

In der Stadt sind auf Grund des schönen Wetters recht viele Menschen (allesamt ohne Mundschutz) unterwegs und gerade das ist es, was mir an diesem Ausflug nicht gefällt und ein Gefühl des Unbehagens in mir auslöst. Ebenfalls nervt es mich, dass sich vor allen Eisdielen wegen der Abstandsregelung und der Tatsache, dass immer nur eine Person bedient werden kann/darf, lange Schlangen gebildet haben und, dass ich auf ewiges Warten keinen Bock habe, da warten für mich verschwendete Lebenszeit ist.

Mir widerstrebt es daher, mich in eine dieser Schlangen zu stellen und mir in anfänglich ca. 200m Entfernung zum Ziel, die Beine in den Bauch zu stehen. Meiner Frau hingegen ist dies egal und nach etwa 30 Minuten haben wir endlich unser Eis.

17.35 Uhr: Wir sind zurück zu Hause und die Jungs haben schon beim Aussteigen aus dem Auto die Idee, mit mir Basketball zu spielen. *Mal etwas anderes, als Fußball,* denke ich, „Ja, gerne!" sage ich zu den beiden und so stehen wir wenig später im Garten und werfen ein paar Körbe.

Wahnsinn, wie breit und wie tief die Risse im Boden auf Grund der anhaltenden Trockenheit schon wieder sind, fällt mir zwischendurch auf.

Wie lange warten wir jetzt schon auf Regen? Drei oder vier Wochen? Oder gar noch länger? ... Keine Ahnung. Auf jeden Fall viel zu lange.

18:37 Uhr: Ich stehe in der Küche und bereite ein paar Schnittchen zum Abendessen vor, welches wir heute (ausnahmsweise) vor dem Fernseher sitzend zu uns nehmen wollen.

19 Uhr: Der Fernseher läuft und nebenbei wird gegessen.

Ca. 21.30 Uhr: Ich bringe die Kinder ins Bett, die auch heute wieder alle in einem Raum übernachten wollen. Zum Glück sind sie müde genug, sodass es nicht allzu lange dauert, bis alle drei eingeschlafen sind und auch ich ins Bett gehen kann.

Weitere Ereignisse des Tages (Kurzform): Keine.

Montag, 20. April 2020

Mein Wecker klingelt um kurz nach fünf Uhr. Um etwa halb sechs steige ich erstmals mit Mundschutz in den Bus, was sich zwar ungewohnt, aber vollkommen richtig für mich anfühlt. Um kurz nach sechs Uhr bin ich bereits in meinem Büro in der Firma und lese mich in meine Sonderaufgabe, der Insolvenzverwaltung von Firma F*, ein. Schnell bestätigt sich meine Vorahnung von Freitag, dass diese Aufgabe eine echte Herausforderung ist, der ich mich jedoch gerne annehme, da ich in der Firma schon lange nicht mehr derart gefordert wurde.

Die Zeit bis zum Mittag verfliegt daher auch förmlich und ich bin regelrecht überrascht, dass es bereits 12:34 Uhr ist, als ich meine Nase aus einem der 12 fallbezogenen DIN A4-Aktenordnern hebe und schon ein ganzes Stück klarer sehe, was die nächsten Schritte sein werden, die ich in dieser Angelegenheit zu unternehmen habe.

Zunächst gehe ich jedoch in unseren Pausenraum, stelle mein mitgebrachtes Essen in die Mikrowelle, justiere die Uhr auf eine Minute und 30 Sekunden und drücke auf „Start".

Hätte man mich zu Beginn des Jahres gefragt, wie es für mich wäre, wenn die Kantine im Haus mal schließen würde, hätte ich vermutlich geantwortet, dass dies aus meiner Sicht gar nicht geht. Heute denke ich mir: *Es ist gar nicht so schlimm, dass die Kantine wegen Corona seit nunmehr vier Wochen geschlossen hat. Jedenfalls klappt es hervorragend, dass ich mir von zu Hause etwas zu Essen mitbringe und günstiger ist es obendrein. ...*

Kurz darauf verkündet ein lautes „Bing!" der Mikrowelle, dass mein Essen fertig erhitzt wurde. Ich hole es aus dem Gerät und setze mich an den Gemeinschaftstisch im selben Raum, an dem bereits eine lebensältere Kollegin sitzt, mit der ich sehr gut auskomme.

Schnell kommt es daher auch zu einem Gespräch zwischen uns:

„Ich weiß nicht, …" sagt sie, „… es ist schon eine komische Zeit und so ungern wie momentan, bin ich schon lange nicht mehr zur Arbeit gegangen."

Da mein Mund voll ist, bringe ich ihr lediglich eine Geste mit meinem Gesicht, meinen Schultern und meinen Armen entgegen, die so viel bedeuten, beziehungsweise fragen soll, wie: warum?

„Es ist so leer hier und wir, die noch hier sind, wir gehen uns nur noch aus dem Weg. Mir fehlen die kleinen Gespräche mit den Kolleginnen und Kollegen am Rande und ich fühle mich inzwischen nicht nur zu Hause, sondern auch hier total einsam. Die Arbeit jetzt ist jedenfalls nicht mehr die, die sie vor Corona war." entgegnet sie mir, erhebt sich zugleich und verlässt den Raum, ohne mir die Chance zu geben, etwas dazu zu sagen.

Ich schaue ihr noch ein wenig verdutzt hinterher und obwohl mein Mund inzwischen leer ist und ich folglich sprechen könnte, weiß ich nicht, was ich ihr hinterherrufen soll. Aus diesem Grund bleiben meine Lippen auch verschlossen, doch in meinem Kopf beginnt es sofort zu Arbeiten und ich beobachte ihn (meinen Kopf) dabei, wie er Gedanken produziert und auf diese Weise das soeben Gehörte reflektiert und diesen Prozess irgendwann mit einem schlichten *„Sie hat Recht."* abschließt.

15.58 Uhr: Nach weiteren drei Stunden über den besagten Aktenordnern sitze ich nun im Bus und stelle fest, dass das Tragen einer Brille, in meinem Fall einer Sonnenbrille, zusammen mit dem Mundschutz nicht allzu gut harmoniert. Jedenfalls beschlägt die Brille bei jedem Ausatmen, wodurch mir bewusst wird, dass die Mundschutzpflicht in den Öffis für Brillenträger/-innen eine echte Herausforderung ist.

17.30 Uhr: Meine Pause auf dem Sofa währte nur kurz, denn die Jungs erwarten meine Anwesenheit und meinen Einsatz auf dem Basketballfeld im Garten. „Papa, wir beide gegen dich. Wir spielen bis

33, jeder Korb zählt einen Punkt." lautet ihre Ansage in meine Richtung, wobei ich ihrem Gesichtsausdruck entnehme, dass sie der festen Überzeugung sind, gegen mich zu gewinnen.

17.52 Uhr: Beim Spielstand von 22:3 für mich geben die Jungs frustriert auf. *Besser so, als dass sie sich weiter gegenseitig anmotzen, weil es nicht so läuft, wie von ihnen gedacht,* denke ich mir mit einem verschmitzten Lächeln der inneren Genugtuung.

18.40 Uhr: Abendessen

19.15 Uhr: Start des Abendkinos.

20.00 Uhr: Ich falle hundemüde ins Bett. Was die anderen heute Abend machen und wie die Kinder ins Bett kommen, ist mir egal.

Weitere Ereignisse des Tages (Kurzform):

- Egal, was ich derzeit tue, Radio hören, Fernsehen schauen oder im Internet recherchieren, stets stolpere ich dabei über Meldungen, dass derzeit hunderte Milliarden Euro in diverse (notwendige!) Hilfspakete gestopft werden. *Aber, woher kommt das ganze Geld eigentlich und vor allem, wie und wann wollen wir diese Staatsschulden jemals zurückbezahlen?*

Dienstag, 21. April 2020

Meine innere Uhr weckt mich um kurz nach sechs. Ich stehe auf, ziehe mich an und begebe mich sogleich ins Büro in den Keller, wo ich mit verschlafenen Augen den Rechner starte und schreibe.

Gegen 6.55 Uhr höre ich meinen jüngeren Sohn, der es sich eine Etage über mir vor dem Fernseher bequem macht. *Corona hat auch ihn verändert. Er ist selbstständiger geworden. Zumindest steht er nun alleine auf, ohne jeden Morgen nach mir oder meiner Frau zu rufen,* denke ich mir.

7.40 Uhr: Obwohl ich gerne noch weitermachen würde, beende ich meine Schreibtätigkeit, um in eine ab heute täglich stattfinde Videokonferenz mit Firma F* zu wechseln. *Früher, also vor Corona, hätten wir alle in einem Raum zusammengesessen. Es hätte Kekse und Getränke gegeben und mindestens ich hätte zeitaufwendig und die Umwelt verschmutzend mit dem Auto dorthin fahren müssen. Gut, dass sich auch das durch COVID-19 radikal verändert hat,* geht mir durch den Kopf währenddessen ich meine Konferenzkennung und das dazugehörige Passwort eingebe.

8.20 Uhr: Frühstück

9.00 Uhr: Schulbeginn. „Home schooling", wie es inzwischen genannt wird und was sich mittlerweile auch ganz normal anfühlt. *Brauchen wir die richtige Schule überhaupt noch?* fragt eine Stimme in mir.

Auf jeden Fall!, antworten meine Gedanken unmissverständlich.

9.50 Uhr: Fliegender Wechsel von der „Home school" ins „Home office", wo eine weitere Videokonferenz in Bezug auf Firma F*auf mich wartet.

11.27 Uhr: Die Videokonferenz ist beendet. Gerade noch rechtzeitig, dass ich die Kinderbetreuung von meiner Frau übernehmen kann, damit sie sich für die Arbeit präparieren kann.

11.43 Uhr: Meine Frau fährt vom Hof. Ich spiele derweil mit meiner Tochter ein Gesellschaftsspiel und bereite nebenbei das Mittagessen vor.

12.35 Uhr: Mittagessen.

Ca. 13 Uhr: Mittagspause. Ich nicke kurz auf dem Sofa, während sich die Kinder einen Film anschauen.

13.35 Uhr: Fußballtraining mit den Jungs.

15.02 Uhr: Da sich alle Kinder mal kurz alleine beschäftigen, nutze ich die Zeit für ein wenig Gartenarbeit.

16.30 Uhr: Ich sitze im Zimmer meiner Tochter und wir spielen mit ihren Puppen.

17 Uhr: Ich spüre, wie anstrengend der bisherige Tage für mich war. Jedenfalls fehlt mir derweil schlichtweg die Energie mich mit den Kids zu beschäftigten oder mich mit ihnen zu streiten. Ich erlaube ihnen daher eine weitere Phase vor dem Fernseher oder der Spielekonsole.

Ca. 18 Uhr: Ich trommele die ganze Bagage im Wohnzimmer zusammen und verlange von ihnen, dass sie ihre Sachen in allen heute von ihnen okkupierten Räumen aufräumen, bevor ihre Mutter nach Hause kommt. Gut, ihre Gegenwehr ist heftig und das Gemaule ist groß, aber meine Konsequenz ist diesbezüglich ebenfalls stark ausgeprägt. Folglich räumen die Kinder auf, während ich damit anfange, den Salat fürs Abendessen vorzubereiten, welchen inzwischen auch die beiden Jungs täglich einfordern, was aus meiner Sicht ebenfalls eine dieser positiven „Corona-Nebenwirkungen" ist.

18.30 Uhr: Meine Frau ist von der Arbeit zurück. *Endlich nicht mehr mit den Kindern allein,* denke ich mir auch heute erleichtert.

18.43 Uhr: Abendessen. Es gibt Salat und belegte Brote.

19.15 Uhr: Beginn des Abendkinos.

20.04 Uhr: Die Kinder stehen im Bad und putzen sich die Zähne. Ich schalte derweil die Nachrichten ein und erfahre gerade noch, dass ab

27.04. (ab kommendem Montag) eine Mundschutzpflicht gelten soll. Für weitere Details komme ich jedoch zu spät.

20.54 Uhr: Die Kinder liegen im Bett und schlafen. Ich sitze wieder vor dem Fernseher und versuche im Videotext mehr über die Maskenpflicht zu erfahren. Dabei stolpere ich auf den ARD-Textseiten über die aktuellen Coronazahlen mit Stand von heute Morgen 8.00 Uhr:

Wo?	Infizierte	Tote
Welt	2.478.634	170.389
USA	787.901	42.364
Spanien	200.210	20.852
Italien	181.228	24.114
Deutschland	147.065	4.862
Schweden	14.777	1.580

Warum werden gerade diese Zahlen gezeigt?
Erklärungsversuch meinerseits:
- Welt: um die globale Situation transparent zu machen.
- USA: weil es dort derzeit weltweit die höchsten Zahlen gibt.
- Spanien und Italien: weil diese beiden Länder in Europa bisweilen am meisten unter COVID-19 zu leiden hatten/haben.
- Deutschland: um das (recht gute) Lagebild bei uns zu zeigen.
- Schweden: weil Schweden von Beginn an einen eigenen Weg gegangen ist: Keine Beschränkungen und erstrecht kein Lockdown. Ihr Motto: Es kommt, wie es kommt. Und die Zahlen geben ihnen aktuell Recht. *Aber wie lange noch?* frage ich mich.

Weitere Ereignisse des Tages (Kurzform):
- Es hat wieder einmal nicht geregnet. ☹

Als ich an diesem Abend im Bett liege, kann ich zunächst nicht einschlafen, da mein Kopf noch zu aktiv ist und mir die nachfolgenden Fragen aufwirft:

Was für ein anstrengender Tag! Ob es so bleiben wird?

Haben wir das Schlimmste dieser Krise schon überstanden?

Was hat das mit der Maskenpflicht ab 27. April auf sich?

Wann können die Jungs wieder in die Schule gehen?

Wie lange wird meine Tochter noch zu Hause sein, beziehungsweise, wird sie vor ihrer Einschulung im Sommer den Kindergarten überhaupt noch einmal besuchen?

Wird sie in diesem Sommer eingeschult, oder fällt das dieses Jahr wohlmöglich aus?

Werden wir am Monatsende erstmals an unsere finanziellen Rücklagen gehen müssen?

Wird Corona für mich und meine Familie auch weiterhin ein Gespenst in der Ferne bleiben?

...

Fragen, auf die ich allesamt noch keine Antworten habe.

Fortsetzung folgt.